BEI GRIN MACHT SICH IHR WISSEN BEZAHLT

- Wir veröffentlichen Ihre Hausarbeit, Bachelor- und Masterarbeit

- Ihr eigenes eBook und Buch - weltweit in allen wichtigen Shops

- Verdienen Sie an jedem Verkauf

Jetzt bei www.GRIN.com hochladen und kostenlos publizieren

Bibliografische Information der Deutschen Nationalbibliothek:

Die Deutsche Bibliothek verzeichnet diese Publikation in der Deutschen Nationalbibliografie; detaillierte bibliografische Daten sind im Internet über http://dnb.d-nb.de/ abrufbar.

Dieses Werk sowie alle darin enthaltenen einzelnen Beiträge und Abbildungen sind urheberrechtlich geschützt. Jede Verwertung, die nicht ausdrücklich vom Urheberrechtsschutz zugelassen ist, bedarf der vorherigen Zustimmung des Verlages. Das gilt insbesondere für Vervielfältigungen, Bearbeitungen, Übersetzungen, Mikroverfilmungen, Auswertungen durch Datenbanken und für die Einspeicherung und Verarbeitung in elektronische Systeme. Alle Rechte, auch die des auszugsweisen Nachdrucks, der fotomechanischen Wiedergabe (einschließlich Mikrokopie) sowie der Auswertung durch Datenbanken oder ähnliche Einrichtungen, vorbehalten.

Impressum:

Copyright © 2018 GRIN Verlag
Druck und Bindung: Books on Demand GmbH, Norderstedt Germany
ISBN: 9783668849105

Dieses Buch bei GRIN:

https://www.grin.com/document/451834

Anna Eberle

Marktanalyse und Marketingplanung für ein EMS Studio

GRIN Verlag

GRIN - Your knowledge has value

Der GRIN Verlag publiziert seit 1998 wissenschaftliche Arbeiten von Studenten, Hochschullehrern und anderen Akademikern als eBook und gedrucktes Buch. Die Verlagswebsite www.grin.com ist die ideale Plattform zur Veröffentlichung von Hausarbeiten, Abschlussarbeiten, wissenschaftlichen Aufsätzen, Dissertationen und Fachbüchern.

Besuchen Sie uns im Internet:

http://www.grin.com/

http://www.facebook.com/grincom

http://www.twitter.com/grin_com

Deutsche Hochschule für
Prävention und Gesundheitsmanagement
Hermann Neuberger Sportschule 3
66123 Saarbrücken

Hausarbeit (kollektive Prüfungsleistung)

Name, Vorname	Eberle, Anna
Modul	Marketing
Studiengang	Gesundheitsmanagement
Datum Präsenzphase	10.09.18 - 12.09.2018
Studienort	Stuttgart
Gruppe bzw. zu bearbeitende Stadt	Hannover
Unternehmenstyp*	EMS - Studio

* abhängig von Aufgabenstellung: jeweils den zu bearbeitenden „Unternehmenstyp" eintragen

Inhaltsverzeichnis

1 MARKTBESCHREIBUNG / -ANALYSE 3

1.1 Allgemeine Informationen über den Unternehmenstyp 3

1.2 Lage und Standort des Unternehmens 4

1.3 Bestimmung von zwei Marktgebieten 4

1.4 Makroumfeldanalyse und Abschätzung des Marktpotenzials 5

1.5 Wettbewerbsanalyse 6

2 MARKETINGPLANUNG 7

2.1 Budgetplanung 7

2.2 Kommunikationspolitik 7

2.3 Werbeplanung 10

2.4 Kostenkalkulation / Budgetvergleich bei der Werbeplanung 10

2.5 Synergieeffekte im Rahmen der Kommunikationspolitik 11

3 ABSCHLUSSSTATEMENT 12

4 LITERATURVERZEICHNIS 13

5 ABBILDUNGS- UND TABELLENVERZEICHNIS 14

5.1 Abbildungsverzeichnis 14

5.2 Tabellenverzeichnis 14

1 Marktbeschreibung / -analyse

1.1 Allgemeine Informationen über den Unternehmenstyp

Das Unternehmen Shape Impuls (SI) ist ein EMS-Studio, dass EMS-Training anbietet. Das EMS-Training ist ein intensives und innovatives Ganzkörpertraining auf Basis der Elektro-Myo-Stimulation (EMS). Dieses nicht nur zeitsparende, sondern durch einen Personaltrainer auch individuell abgestimmtes Training ist für ein breites Spektrum an Zielgruppen gemacht: Menschen aus unterschiedlichen Altersklassen (ab 18 Jahren), die zu wenig Zeit für ein konventionelles Fitnessstudio, aber großes Interesse haben etwas für ihre Gesundheit zu tun und dabei einen höheren monatlichen Beitrag in ihre Gesundheit zu investieren, da es sich bei Shape Impuls um ein Premiumsegment handelt, auf dessen Preispolitik in der folgenden Tabelle eingegangen wird.

Shape Impuls positioniert sich am Markt durch das zeitsparende und zugleich gut betreute und effektive Trainingsangebot für Leute mit wenig Zeit und/ oder dem Bedarf in guten Händen zu sein.

Tab. 1: Produkt-, Preis- und Distributionspolitik von Shape Impuls (eigene Darstellung)

Produktpolitik	- EMS-Training an zwei Geräten - Intensives, zeitsparendes, durch Personal Trainer gut betreutes Training - Individuelles Training für eine breite Zielgruppe
Preispolitik	- Durchschnittlicher Netto-Beitrag von 99€, abhängig von der gewählten Laufzeit der Mitgliedschaft. 6 Monate – 30€ pro Woche 12 Monate – 27€ pro Woche 18 Monate – 24€ pro Woche - Zusätzliche Kosten können durch Sonderverkauf wie Nutrition entstehen - Rabatte durch Vorauszahlungen oder Aktionen (saisonbedingt, Messe) - Probetraining, Zehnerkarten, Einzelbetreuung (ohne Bindung), Mittagstarife (trainiert werden darf nur in einer gewissen Zeitspanne), Partnertarife
Distributionspolitik	- Direktvertrieb durch klassische Ladenverkäufe, Messeständen, Direktansprachen - Indirekter Vertrieb durch Weiterempfehlungen von bereits bestehenden Mitgliedern oder Kooperationen mit Praxen (Weiterempfehlung von Ärzten oder Fachleuten)

1.2 Lage und Standort des Unternehmens

Der Standort von Shape Impuls befindet sich in der Innenstadt von Ledeburg. Die exakte Adresse lautet: Verdener Platz 10, 30419 Hannover. Das Unternehmen befindet sich an der Hauptstraße, welche schnell zu den Nachbarsorten sowie zu den Werken von Volkswagen und Continental, dessen Arbeiter den Stadtteil bevölkern, führt. Vor der Haustür befindet sich die Bushaltestelle „Hannover Verdener Platz", welche die Buslinien 135 und 136 befahren. 600m vom Standort entfernt befindet sich auch die S-Bahn-Station „Hannover-Ledeburg" die zur Hannover Innenstadt führt. Zusammengefasst kann man sagen, dass Ledeburg eine gepflegte und bodenständige Wohnsiedlung mit ausreichender Infrastruktur ist.

Dieser Standort wurde gewählt, da er über ein großes Marktgebiet verfügt, in dem sich viele Firmen befinden. Woraus man schließen kann, dass viele Berufstätige durch den Ort pendeln. Laut Strukturdaten der Stadt Hannover bewohnen Ledeburg und die Umgebung eine breite Altersspanne, die eine hohe Sozialversicherungspflicht aufweisen, welche der Zielgruppe entspricht. Ebenso ist die Kraftfahrzeugdichte in diesem Gebiet hoch. Für eine Anreise mit dem Auto, bietet der Standtort Parkplätze direkt am Haus zur Verfügung. Ein weiteres Argument, das für den Standort spricht ist der Grund, dass sich innerhalb des Marktgebietes fast nur Sportvereine und nur wenige Fitnessstudios beziehungsweise EMS-Studios, im Gegensatz zu anderen Teilen der Stadt Hannover zu finden sind.

1.3 Bestimmung von zwei Marktgebieten

Die Marktgebiete wurden anhand der Zeit-Distanz-Methode ermittelt. Die Auswertung bezieht sich auf die Hauptverkehrszeit und auf maximale Geschwindigkeit von 50km/h mit einem PKW. Das Marktgebiet I, welches in der folgenden Darstellung lila markiert ist, wurde durch eine maximale Anfahrtszeit von fünf Minuten ermittelt. Das Marktgebiet II wurde durch eine maximale Anfahrtszeit von zwölf Minuten ermittelt und startet hinter der lila markierten Fläche und reicht bis hinter die grüne Fläche. Der schwarze Marker kennzeichnet den Standort von Shape Impuls, die beiden anderen die zwei stärksten Mitbewerber.

Bei Mitbewerber I (orangener Marker) handelt es sich um das goVital gravity Fitnessstudio, welches in der Herrenhäuser Str. 53 in 30419 Hannover liegt. Mitbewerber II (blauer Marker) befindet sich am Klagesmarkt 51 in 30159 Hannover und ist das EMS Fitnessstudio fitbox – Hannover Mitte.

|___2km___| Das Maßstab der Karte entspricht 1:100 000.

Abb. 1: Marktgebiete und Standorte der zwei stärksten Mitbewerber von SI (modifiziert nach maps.openrouteservice.org)

1.4 Makroumfeldanalyse und Abschätzung des Marktpotenzials

Tab. 2: Kaufkraft, Arbeitslosenquote und Altersverteilung von Hannover (modifiziert nach Landeshauptstadt Hannover, 2018)

Kaufkraft (Stadt Hannover)	101,4 Kaufkraftindex pro Einwohner Wirtschaftsförderung Hannover, 2018)
Arbeitslosenquote (Stadt Hannover)	6,6 % (Landeshauptstadt Hannover, 2018)
Altersverteilung (Stadt Hannover)	- unter 18 Jahre: 83.354
	- 18 bis 29 Jahre: 97.817
	- 30 bis 44 Jahre: 115.922
	- 45 bis 59 Jahre: 113.518
	- 60 bis 64 Jahre: 29.683
	- 65 bis 74 Jahre: 46.315
	- 75 Jahre und älter: 55.164
	- Durchschnittliches Alter: 42,4 Jahre
	(Landeshauptstadt Hannover, 2018)

Tab. 3: Ermittlung der Einwohnerzahl im Marktgebiet von Shape Impuls (modifiziert nach Landeshauptstadt Hannover, 2018)

Marktgebiet I		
Stadtteil/Ortschaft	Einwohnerzahl	
Ledeburg		6.071
Burg		3.826
Herrenhausen		8.153
Stöcken		12.851
Vinnhorst		6.913
Leinhausen		3.180
Summe		40.994
Marktgebiet II		
Stadtteil/Ortschaft	Einwohnerzahl	
Hannover-Mitte (zu 70% im MG)	(70% v. 36.354)	25.448
Vahrenwald		24.935
Linden-Limmern (zu 60% im MG)	(60% v. 45.111)	27.067
Nord (zu 30% im MG)	(30% v. 31.993)	9.598
Summe		87.048
Summe gesamt		128.042

Bei der Berechnung des Marktpotenzials im Marktgebiet von SI wird mit einem Marktpotenzial von 12% kalkuliert. Das Marktgebiet I wird mit einem Faktor von 100% gewichtet (40.994 Einwohner). Marktgebiet II dagegen nur mit 70% (60.934 Einwohner). Dem Marktpotenzial von 12% entsprechen beim Marktgebiet I 4919 Einwohner, beim Marktgebiet II 7312. Somit ergibt sich ein Gesamtmarktpotenzial von 12231 Einwohnern.

1.5 Wettbewerbsanalyse

Tab. 4: Analyse der Mitbewerber von Shape Impuls (eigene Darstellung)

	go Vital	fitbox
Produktpolitik und grundlegende Positionierung	Go Vital bietet Gymnastikkurse, Fitness- und Gerätetraining, sowie Lehrgänge und Spezialtraining an.	Fitbox ist ein Franchisesystem welches EMS-Kraft und Cardio Training anbietet.
Stärken	- Vor kurzem renoviert worden - Sauna und Entspannungsbereich	- Franchisesystem - Zeitsparendes und gut betreutes Training
Schwächen	- Öffnungszeiten an manchen Tagen sehr kurz (14-21 Uhr) - Veraltete Geräte	- Dynamische Übungen (höheres Risiko von Verletzungsgefahren) - Öffnungszeiten nur bis 20.00 Uhr
Vergleich zum eigenen Unternehmen	Hat im Vergleich zu Shape Impuls ein breites Angebot bietet aber auch individuelle Betreuung an	Bietet auch EMS Training an, liegt preislich im selben Bereich und spricht die gleiche Zielgruppe an

2 Marketingplanung

2.1 Budgetplanung

Das Jahresmarketingbudget für das erste Geschäftsjahr wird anhand der Methode „Marketingkosten pro Neukunde" berechnet. Die erfahrungsgemäßen Marketingkosten liegen beim EMS Studio bei 100 € pro Neukunden. Da es sich um eine Unternehmensgründung handelt, wird die Fluktuationsquote nicht berücksichtigt. Die geplante Mitgliederzahl nach dem ersten Geschäftsjahr liegt bei 90 Mitgliedern. Die Marketingkosten pro Neukunden werden mit den geplanten Mitgliedern multipliziert. Somit liegt das Gesamtmarketingbudget für das erste Geschäftsjahr bei 9.000 €.

2.2 Kommunikationspolitik

Ziel der Vermarktungskampagne ist es vor allem das Interesse beziehungsweise das Bedürfnis für das Produkt zu wecken, den Bekanntheitsgrad zu steigern sowie vor der eigentlichen Eröffnung schon die ersten Kunden zu gewinnen. Diese Kampagne beinhaltet drei verschiedene Instrumente der Kommunikatiionspolitik. Die Werbung wurde bereits als feste Größe eingeplant. Neben der Werbung wird noch mit dem Direktmarketing sowie dem Onlinemarketing auf Basis des Social Media gearbeitet. Der Grund für diese Wahl ist beim Direktmarketing der, dass man bei diesem Instrument die Ansprache auf die exakte Zielgruppe abstimmen kann, diese dann auch individueller und persönlicher gestalten kann. Zudem ist der Einsatz flexibel. Für das Onlinemarketing wurde sich zum einen auch dafür entschieden, da dieses Instrument sehr zielgerichtet ist. Man trifft damit Menschen, die bereits Interesse am Produkt zeigen. Ebenso wirkt Onlinemarketing dauerhaft und ist ein nachhaltiges Tool zur Kundengewinnung. Inhalte der Kampagne sind bei der Werbung die Neueröffnung des Unternehmens und die zur Neukundengewinnung genutzten Aktionen wie Ermäßigungen bei Anmeldungen in einem begrenzten Zeitraum zur Weckung der Interesse. Inhalte beim Direktmarketing sind verknüpft mit den Aktionen der Werbung und werden auf individuelle und persönliche Art an den potenziellen Kunden gebracht. Im Onlinebereich wird Wert darauf gelegt, dass neben Aktionen auch viel aus dem Alltag des Studios geteilt wird um das Image des Unternehmens zu stärken und eine emotionale Bindung zu den Kunden aufzubauen.

Für den Tag der Eröffnung wurde der 25.02.2019 gewählt, da dieser in der Boom-Zeit der Fitnessbranche liegt. Außerdem ist die Eröffnung auf keinen Feiertag oder Ferien gefallen. Die grobe zeitliche Organisation der Kampagne wird in der folgenden Abbildung übersichtlich dargestellt.

Datum	Dezember	Januar	Februar		Legende	
1	Samstag	Dienstag	Freitag		Promo	
2	Sonntag	Mittwoch	Samstag		Onlinebeitrag	
3	Montag	Donnerstag	Sonntag		Eröffnung	
4	Dienstag	Freitag	Montag			
5	Mittwoch	Samstag	Dienstag		Plakate	
6	Donnerstag	Sonntag	Mittwoch			
7	Freitag	Montag	Donnerstag		Ermäßigungen	
8	Samstag	Dienstag	Freitag			
9	Sonntag	Mittwoch	Samstag			
10	Montag	Donnerstag	Sonntag			
11	Dienstag	Freitag	Montag			
12	Mittwoch	Samstag	Dienstag			
13	Donnerstag	Sonntag	Mittwoch			
14	Freitag	Montag	Donnerstag			
15	Samstag	Dienstag	Freitag			
16	Sonntag	Mittwoch	Samstag			
17	Montag	Donnerstag	Sonntag			
18	Dienstag	Freitag	Montag			
19	Mittwoch	Samstag	Dienstag			
20	Donnerstag	Sonntag	Mittwoch			
21	Freitag	Montag	Donnerstag			
22	Samstag	Dienstag	Freitag			
23	Sonntag	Mittwoch	Samstag			
24	Montag	Donnerstag	Sonntag			
25	Dienstag	Freitag	Eröffnung			
26	Mittwoch	Samstag	Dienstag			
27	Donnerstag	Sonntag	Mittwoch			
28	Freitag	Montag	Donnerstag			
29	Samstag	Dienstag	Freitag			
30	Sonntag	Mittwoch	Samstag			
31	Montag	Donnerstag	Sonntag			

Abb. 2: Grobe zeitliche Organisation der Vermarktungskampagne vor der Eröffnung (eigene Darstellung)

Die detaillierte zeitliche Organisation wird in der folgenden Tabelle dargestellt.

Tab. 5: Detaillierte zeitliche Organisation der Vermarktungskampagne vor der Eröffnung (eigene Darstellung)

Datum:	Planungsschritt:	Erledigt bis:
21.12.2018	Website professionell erstellen	27.12.2018
27.12.2018	Flyer bestellen per Express Versand	27.12.2018
27.12.2018	Plakate bestellen per Express Versand	27.12.2018
27.12.2018	QR-Codes bestellen per Express Versand	27.12.2018
27.12.2018	Facebook Seite erstellen	27.12.2018
28.12.2018	Großfläche bestellen	28.12.2018
28.12.2018	QR Codes kleben	29.12.2018
28.12.2018	Onlinebeitrag schalten einmal wöchentlich	25.02.2019
29.12.2018	Promotour zweimal wöchentlich	23.02.2019
25.01.2019	Start der Ermäßigung	24.02.2019
25.02.2019	**Eröffnung**	

Überprüfen lässt sich der Erfolg der Kampagne der drei gewählten Instrumente sehr gut. Durch das Einfügen von QR-Codes in die Werbung können die Aufrufe der Seite Rückschlüsse darüber geben, wie viele Empfänger die Anzeige mindestens gelesen haben. Beim Direktmarketing können verwendete Aktionen wie Ermäßigungen durch Vorlage bestimmter Flyer, oder auch persönliche Rückmeldungen für die Messung des Erfolges dienen. Die Messung beim Onlinemarketing wird natürlich durch die erzielte Reichweite bewertet.

2.3 Werbeplanung

Tab. 6: Auswahl der Werbemittel und deren Werbeträger (eigene Darstellung)

Werbemittel	Werbeträger	Kriterien
Flyer	Private Verteiler	- Große Stückzahl zu einem guten Preis, gutes Tool um mit potenziellen Kunden ins Gespräch zu kommen - Kann exakt an die Zielgruppe verteilt werden - Können bei Kooperationspartnern oder Nachbarschaftsgeschäften ausgelegt werden
Plakat	Plakatwand/ Plakate	- Groß und auffällig - teuer im Vergleich zu den anderen Werbemitteln, erreicht jedoch täglich viele Menschen - Platzierungen möglich, wo Zielgruppe sich aufhält
Beiträge in Social Media oder Homepage	Internet	- Sehr hohe Reichweite - Keine bis sehr niedrige Kosten - Emotionale Bindung - Muss regelmäßig erfolgen, professionell und seriös wirken

2.4 Kostenkalkulation / Budgetvergleich bei der Werbeplanung

Tab. 7: Kostenkalkulation der geplanten Werbemaßnahmen (eigene Darstellung)

Werbemaßnahme	Kosten	Gesamt
Flyer (für Promotouren und zum Auslegen bei Kooperationspartnern)	10.000 Flyer für 212€ Zusätzlich Personalkosten von 9€ pro Stunde, bei 17 Promotouren von 2 Stunden und 2 Mitarbeitern entspricht 612€	212€ 612€
Plakate (zum Aufhängen bei Partnern und für Kunden Stopper)	10 Plakate für 84€	84€
QR-Code Kleber für Plakate und Flyer	10 Stück a 80x80mm entspricht 23,60€ 10000 Stk a 20x20 mm entspricht 277,83€	23,60€ 277,83€
Plakatwand	Großfläche für 10,80€/Tag Schaltung für 59 Tag entspricht 637,20€	 637,20€
Facebook – Seite (für Beiträge aus dem Studioalltag und Aktionen)	0€ ,da kostenlos, selbst erstellt und eigene Verwaltung	0€
Homepage (professionell erstellt für ein gutes Image)	Professionelle Erstellung und Ansprechpartner monatlich 29€ entspricht 348€	348€
		2194,63€

Als Werbebudget stehen 20 % des errechneten Jahresmarketingbudgets zur Verfügung, welches 1800€ entspricht. Bei der Kostenkalkulation wurden jedoch insgesamt 2194,63€ aufgelistet. Das Budget wurde um 394,63€ überstiegen. Die Ausgaben können jedoch durch verschiedene Optimierungen angepasst werden.

Optimierungsmöglichkeit I wäre die Promotouren auf eine geringere Anzahl zu kürzen, um Personalkosten einzusparen.

Die zweite Möglichkeit wäre, einen Anbieter zu finden, der es schafft, die QR-Codes direkt in die Flyer zu integrieren um hier an den Kosten der einzelnen QR-Code Kleber zu sparen.

2.5 Synergieeffekte im Rahmen der Kommunikationspolitik

Durch die verschiedenen Kompetenzen und wirtschaftlichen Beziehungen welche jedes Unternehmen mitbringt, kann nach Meffert et al. jeder einzelne Partner eine bessere Position auf dem Markt erreichen. Durch die Standortwahl der Unternehmen wurde ein großes Marktgebiet der Unternehmensgruppe geschaffen, welche durch die verschiedenen Angebote eine breite Zielgruppe trifft. Durch eine Zusammenarbeit im Bereich der Ressourcen und Vertriebskanäle kann rational gearbeitet werden, es werden Kosten eingespart und die Reichweite vervielfacht. Einigt man sich auf ein Unternehmensleitbild können durch eine Corporate Identity können viele verschiedene Verbesserungen wie Steigerung der Mitarbeitermotivation, Umsatzerhöhung oder Imagegewinn eintreten.

3 Abschlussstatement

Die Attraktivität der Stadt Hannover ist für die geasmte Unternehmensgruppe in der Bewertung positiv. Aufgrund der Standortwahlabsprache konnte ein großes Gesamtmarktgebiet geschaffen werden. Es bestehen gute Chancen viele Menschen für die einzelnen Studios wie EMS, Damen-, Gesundheits-, sowie Premiumstudio zu generieren, da das Angebot auf eine breite Zielgruppe abgestimmt ist. Durch den Kaufkraftindex der Stadt Hannover von 101,4 % besteht ein hoher Mitgliedergewinn. Jedoch hat Hannover im Vergleich zu anderen deutschen Städten eine hohe Arbeitslosenquote von 6,6%. Zudem ist der Fitness- und Gesundheitsmarkt in Hannover sehr beliebt, somit besteht ein hoher Wettbewerbsdruck vorallem in der Innenstadt. Hier könnten Risiken für das Premiumstudio sowie das Gesundheitsstudio entstehen.

Nach der einzelnen Analyse sehe ich die größte Erfolgswahrscheinlichkeit beim Damenfitnessstudio, da in Hannover das spezielle Angebot nur für Frauen im Gegensatz zu den anderen Studios sehr begrenzt ist. Durch das errechnete Marktpotenzial bestehen sehr gute Chancen viele Frauen als Mitglied zu gewinnen.

Persönlich würde ich das Premiumstudio sowie das Gesundheitsstudio aus der Innenstadt rausnehmen, das hier ein sehr hoher Wettbewerbsdruck durch sehr viele verschiedene Studios herrscht.

4 Literaturverzeichnis

Landeshauptstadt Hannover. (Hrsg.) (2018). *Statistische Berichte der Landeshauptstadt Hannover – Strukturdaten der Stadtteile und Stadtbezirke 2018*. Zugriff am 12.10.2018. Verfügbar unter https://www.hannover.de/Leben-in-der-Region-Hannover/Politik/Wahlen-Statistik/Statistikstellen-von-Stadt-und-Region/Statistikstelle-der-Landeshauptstadt-Hannover/Strukturdaten-der-Stadtteile-und-Stadtbezirke

Landeshauptstadt Hannover. (Hrsg.) (2018). *Region Hannover – Arbeitslosenquote*. Zugriff am 15.10.2018. Verfügbar unter https://www.hannover.de/Service/Presse-Medien/hannover.de/Aktuelles/Wirtschaft-Wissenschaft-2018/Arbeitslosenquote-fällt-auf-6,6-Prozent

Landeshauptstadt Hannover. (Hrsg.) (2018). *Die Zuständigkeiten der Stadtbezirksräte*. Zugriff am 15.09.2018. Verfügbar unter https://www.hannover.de/Leben-in-der-Region-Hannover/Politik/Politische-Gremien/Landeshauptstadt-Hannover/Bezirksräte/Die-Zuständigkeiten-der-Stadtbezirksräte

Meffert, Heribert; Burmann, Christoph; Kirchgeorg, Manfred (2012): Marketing. Grundlagen marktorientierter Unternehmensführung. 11., überarbeitete und erweiterte Aufl. Wiesbaden: Gabler.

Wirtschaftsförderung Hannover. (Hrsg.) (2018). *Trends und Fakten 2018*. Zugriff am 20.10.2018. Verfügbar unter https://www.wirtschaftsfoerderung-hannover.de/content/download/734566/18391851/file/RegHan_Trends_Fakten_WEB.pdf

5 Abbildungs- und Tabellenverzeichnis

5.1 Abbildungsverzeichnis

Abb. 1: Marktgebiete und Standorte der zwei stärksten Mitbewerber von SI (modifiziert nach maps.openrouteservice.org) 5

Abb. 2: Grobe zeitliche Organisation der Vermarktungskampagne vor der Eröffnung (eigene Darstellung) 8

5.2 Tabellenverzeichnis

Tab. 1: Produkt-, Preis- und Distributionspolitik von Shape Impuls (eigene Darstellung) 3

Tab. 2: Kaufkraft, Arbeitslosenquote und Altersverteilung von Hannover (modifiziert nach Landeshauptstadt Hannover, 2018) 5

Tab. 3: Ermittlung der Einwohnerzahl im Marktgebiet von Shape Impuls (modifiziert nach Landeshauptstadt Hannover, 2018) 6

Tab. 4: Analyse der Mitbewerber von Shape Impuls (eigene Darstellung) 6

Tab. 5: Detaillierte zeitliche Organisation der Vermarktungskampagne vor der Eröffnung (eigene Darstellung) 9

Tab. 6: Auswahl der Werbemittel und deren Werbeträger (eigene Darstellung) 10

Tab. 7: Kostenkalkulation der geplanten Werbemaßnahmen (eigene Darstellung) 10

BEI GRIN MACHT SICH IHR WISSEN BEZAHLT

- Wir veröffentlichen Ihre Hausarbeit, Bachelor- und Masterarbeit

- Ihr eigenes eBook und Buch - weltweit in allen wichtigen Shops

- Verdienen Sie an jedem Verkauf

Jetzt bei www.GRIN.com hochladen und kostenlos publizieren